BEI GRIN MACHT SICH IHR WISSEN BEZAHLT

AF150919

- Wir veröffentlichen Ihre Hausarbeit,
  Bachelor- und Masterarbeit

- Ihr eigenes eBook und Buch -
  weltweit in allen wichtigen Shops

- Verdienen Sie an jedem Verkauf

Jetzt bei www.GRIN.com hochladen und kostenlos publizieren

Mario Tigges

Einführung und Funktionsweise des Textprogramms LATEX im Vergleich zu herkömmlichen Textverarbeitungssystemen

GRIN Verlag

Bibliografische Information der Deutschen Nationalbibliothek:

Die Deutsche Bibliothek verzeichnet diese Publikation in der Deutschen National-
bibliografie; detaillierte bibliografische Daten sind im Internet über http://dnb.d-
nb.de/ abrufbar.

Impressum:

Copyright © 2011 GRIN Verlag GmbH
Druck und Bindung: Books on Demand GmbH, Norderstedt Germany
ISBN: 978-3-656-75802-0

Dieses Buch bei GRIN:

http://www.grin.com/de/e-book/169515/einfuehrung-und-funktionsweise-des-
textprogramms-latex-im-vergleich-zu

GRIN - Your knowledge has value

Der GRIN Verlag publiziert seit 1998 wissenschaftliche Arbeiten von Studenten, Hochschullehrern und anderen Akademikern als eBook und gedrucktes Buch. Die Verlagswebsite www.grin.com ist die ideale Plattform zur Veröffentlichung von Hausarbeiten, Abschlussarbeiten, wissenschaftlichen Aufsätzen, Dissertationen und Fachbüchern.

Besuchen Sie uns im Internet:

http://www.grin.com/

http://www.facebook.com/grincom

http://www.twitter.com/grin_com

Einführung und Funktionsweise des Textprogramms LaTeX im Vergleich zu herkömmlichen Textverarbeitungssystemen

Facharbeit im Grundkurs

Informatik

von

Mario Tigges

Schuljahr 2010/2011

1

Inhaltsverzeichnis

1 Einführung: Was ist LaTeX?

Das Satzsystem LaTeX ist ein Programm für den Computer, mit dem man z.b Texte, Artikel, Arbeitsblätter oder sogar Bücher so aufbereiten kann, dass sie zum Drucken geeignet sind. Dabei kann die Form und das Aussehen des Dokuments sehr flexibel und einfach gestaltet werden, um so ein ansprechendes Layout zu erreichen.

Es ist für die gängigen Betriebssysteme Windows, Linux[1] und OS X erhältlich und wird heutzutage vor allem für z.b wissenschaftliche Arbeiten an Universitäten, in Schulen für Arbeitsblätter oder jedweden Bereich in dem Formelsätze nötig sind, verwendet, da LaTeX eine einfache Einbindung von mathematischen Formeln im Textgefüge erlaubt. Jedoch ist für viele Menschen der erste Kontakt mit dieser Art von Programm derart abschreckend, dass diese sich nicht näher mit den Möglichkeiten von LaTeX beschäftigen. Darum werde ich in meiner folgenden Facharbeit versuchen, einen leichten Einstieg in die Materie zu ermöglichen.

1.1 Geschichtlicher Hintergrund von LaTeX

Donald Knuth[2] ist der Erfinder des Satzsystems TeX[3], welches er 1977 hauptsächlich für Wissenschaftler und Ingenieure entwickelte, da diese häufig mit Formelsätzen in ihren Veröffentlichungen arbeiten mussten und dies nur sehr umständlich zu bewerkstelligen war. Außerdem störte ihn die nicht zufriedenstellende typographische Qualität seiner Buchreihe "The Art of Computer Programming"(TAOCP), was für ihn einen weiteren Ansporn darstellte, eine neue Möglichkeit der Textverarbeitung zu entwickeln. Obwohl TeX zu Anfang noch sehr komliziert zu bedienen war, wegen der unzählbaren Anzahl von Befehlen, konnte das neue Satzsystem schnell Fuß in wissenschaftlichen Bereichen fassen, aufgrund seiner Stärken im Formelsatz.

Kurz danach folgte allerdings schon eine Weiterentwicklung mit dem Namen LaTeX. Basierend auf Knuths TeX, programmierte Leslie Lamport[4] in den 80ern das sich aktuell in der Versionsnummer 2ε befindliche Satzsystem LaTeX. So konnte er mit dem Programm auch Menschen erreichen, welche sich verständlicherweise keine hunderte Befehle zum Erstellen eines Dokuments merken wollten, da es nun ausreichte ein paar wenige Anweisungen zu kennen, um ein komplexes Dokument mit einer übersichtlichen Struktur zu erstellen.

---

[1]Bei den meisten Linux-Distributionen ist LaTeX sogar direkt vorinstalliert
[2](* 10. Januar 1938 in Milwaukee, Wisconsin)
[3]Tex kommt aus dem griechischen und bedeutet: Kunstfertigkeit, Fähigkeit
[4](* 7. Februar 1941 in New York)

1.2 Was unterscheidet LaTeX von herkömmlichen Textprogrammen?

Der Großteil aller Benutzer verwendet Textprogramme wie AppleWorks oder Word. Diese Art von Textverarbeitung arbeitet nach dem WYSIWYG-Prinzip (What You See Is What You Get). Das bedeutet, dass der Text so wie man ihn vor sich auf dem Bildschirm sieht, genauso auch auf dem Papier gedruckt wird. Ohne Frage ist das bei kürzeren Texten, welche kein hohes Maß an Komplexität aufweisen, die praktischere Variante. Denn um z.b. etwas fett zu drucken, muss der bestimmte Bereich nur selektiert und im Menü die Formatierung "fett" ausgewählt werden.

LaTeX kann man eher mit einer Programmiersprache vergleichen. Es existieren also bestimmte Befehle die im laufenden Text angegeben werden, um Text fett zu drucken oder sonstige Formatierungen auszuführen. Natürlich gibt es auch noch mehr Möglichkeiten in LaTeX, als das Aussehen zu ändern. Durch andere Anweisungen können auch Tabellen oder Formeln in den Text eingebettet werden. Der gesamte geschriebene Text ähnelt somit Programmiercode wie z.b. bei HTML und entspricht in keinster Weise mehr dem Prinzip oder Aussehen bei einem herkömmlichen Textverarbeitungsprogramm.

Ein weiterer Unterschied ist auch die Verwendung von bestimmten Paketen in LaTeX, welche alle für bestimmte Aufgaben installiert werden können. Es existiert heute ein reichhaltiges Angebot an Paketen, die zum Teil von den Benutzern selbst zur Verfügung gestellt wurden. Jedes dieser Pakete beinhaltet bestimmte Funktionen und Befehle die nur mit Hilfe dieses Pakets (oder Paketen, welche den selben Befehl enthalten) ausgeführt werden können, und sind somit unverzichtbar für die grundlegende Funktion von LaTeX.

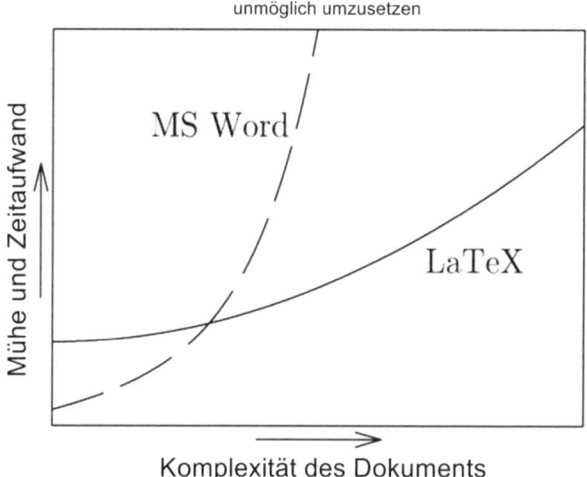

Abbildung 1: Word vs. LaTeX

2 Aufbau eines LATEX-Dokuments

Ein LATEX-Dokument ist wie in 1.2 schon beschrieben, anders aufgebaut als beispielsweise ein Word-Dokument. Es besteht aus der Präambel und dem eigentlichen Dokument. Anhand des folgenden Beispiels wird der grundlegende Aufbau eines Dokuments in LATEX genauer erläutert:

```
\documentclass[a4paper,12pt]{article}
\usepackage[ngerman]{babel}
\begin{document}
    Hallo Welt!
\end{document}
```

2.1 Was ist die sogenannte "Präambel"?

In der Präambel werden wichtige Einstellungen getroffen, welche global für das Dokument gelten und nur durch ausdrückliche Anweisung im Quelltext des Dokuments verändert werden können. Unter anderem werden Attribute wie das Papierformat oder sprachspezifische Einstellungen mitgeteilt und zusätzliche Pakete aufgerufen, die LATEX um weitere Funktionen erweitern. Alle Befehle werden dabei durch einen Backslash "\" eingeleitet. In unserem Beispiel stehen in der Präambel genau 2 Zeilen Code, nämlich \documentclass[a4paper,12pt]{article} und \usepackage[ngerman]{babel}. Die erste Zeile der Präambel sollte **immer** die Anweisung zur Deklarierung der Dokumenteigenschaften sein, also mindestens die Zeile \documentclass{article}. Dabei muss die Art und somit das Aussehen des Dokuments in geschweiften Klammern angegeben werden, wohingegen optionale Wünsche in eckigen Klammern hinzugefügt werden können, sofern die Klasse dies unterstützt. Im Beispiel wäre das z.B. *a4paper* für das Din A4 Format und getrennt durch ein Komma die Schriftgröße *12pt*. Weiterhin gibt es aber auch noch andere Dokumentenklassen:

- **article**: für Artikel, Seminararbeiten, Anträge, Gutachten, Einladungen, ...

- **report**: für längere Berichte, die mehrere Kapitel enthalten, wie z.B. Diplomarbeiten, Skripte, ...

- **book**: zur Bearbeitung eines Buches (Kapitel beginnen auf neuer Seite)

- **letter**: für Brieftexte auf US-typische Briefform zugeschnitten

- **proc**: für Protokollsitzungen (größere Seitenbreite, zweispaltig)

- **slides**: für Präsentationsfolien

Dies sind die Standardklassen, welche von LaTeX zu Beginn mitgeliefert werden. Jedoch sind diese auf die typographischen Eigenschaften in den USA ausgerichtet und entsprechen nicht immer europäischen/deutschen Normen. Um dieses Problem zu beheben wurde das sogenannte KOMA-Script Paket von Frank Neumann im Jahr 1992 zusammengestellt. Es stellt zu den Klassen *article, report, book und letter* die Äquivalente *scrartcl, scrreprt, scrbook und scrlettr* zur Verfügung.

Sind diese ersten Einstellungen getroffen, können nun weitere Pakete eingebunden werden mit dem Befehl \usepackage[Optional]{Paketname}. Das Paket "babel" sorgt z.b. dafür, dass die Umlaute ä, ö und ü direkt eingegeben werden können. Würde dieses Paket nicht benutzt werden, müsste man alle Umlaute wie folgt eingeben: "a, "o und "u. Dies ist eine wichtige Kleinigkeit die eine Eingabe gerade bei längeren Texten sehr vereinfachen kann.

2.2 Das eigentliche Dokument

Mit der Instruktion \begin wird eine Umgebung eingeleitet und mit \end wieder beendet. Solche Umgebungen können mehrere Zwecke besitzen auf die ich im nächsten Kapitel noch genauer zu sprechen komme. Die wichtigste ist jedoch die *document*-Umgebung, da hier das eigentliche Dokument mit allen Formatierungen niedergeschrieben wird.

In unserem Beispiel wurde nun der Text "Hallo Welt!" eingegeben. Hierbei ist es im jeweiligen LaTeX-Editor egal, ob Zeilenumbrüche im Text sind oder nicht, da solche ignoriert werden. Ein Absatz wird durch eine Leerzeile oder die Befehle \par oder \\ kenntlich gemacht. Dabei wird die erste Zeile nach dem Absatz ein kleines Stück eingerückt um dem Leser eine bessere Orientierung zu gewährleisten, wobei dies im Einzelfall durch den Befehl \noindent auch verhindert werden kann. Auch ist es egal wie viele Leerzeichen im Quelltext zwischen einzelnen Wörtern stehen, da diese auf ein Leerzeichen reduziert werden.

3 Möglichkeiten der Formatierung

Nun war dies ein sehr kleines Minimal-Beispiel um das Grundgerüst eines jeden LaTeX-Dokuments aufzuzeigen. Es sind noch viele hunderte Optionen vorhanden, um den Text nach bestimmten Wünschen zu verändern, daher ist es unumgänglich sich auch im Internet umzusehen, falls man mal den passenden Befehl nicht im Repertoire hat. Im folgenden Kapitel sollen nun aber die wichtigsten und gebräuchlichsten Kommandos näher beschrieben werden.

3.1 Basiswissen

In den meisten Dokumenten, die vom durchschnittlichen Benutzer erstellt werden, gibt es eine Reihe von häufig benutzten Formatierungen. Um diese faktisch darzustellen, bietet sich die Tabellen-Umgebung (siehe 3.3) an:

Beschreibung	Befehl	Ergebnis
Text fett drucken	\ textbf {Text}	**Text**
Text kursiv drucken	\ textit {Text}	*Text*
Text unterstreichen	\ underline {Text}	Text
Textgröße: klein	\small{Text}	Text
Textgröße: groß	\ large {Text}	Text
Individuelle Textgröße	\ fontsize {3mm[5]}{1mm[6]}\ selectfont	Text

Tipp: Befehle können auch verschachtelt werden!

Beispiel: \ textbf {\ textit {Text ist fett und kursiv!}} wird zu ***Text ist fett und kursiv!***

3.1.1 Spezialfall: Farben

Zunächst ist es nötig das Paket "xcolor" einzubinden. Es existieren nun zwar vordefinierte Farben, jedoch haben diese meist nicht den gewünschten Farbton. Zur verfügung stehen die Farben red, black, green, blue, cyan, magenta, und   . Möchte man nun aber seinen eigenen Farbton haben, muss man sich diesen selbst zusammenstellen. Dazu wird die Instruktion \ definecolor {Name}{Modell}{Spezifikation} in der Präambel benutzt.

Als Name lässt sich eine beliebige Bezeichnung für den zu definierenden Farbton eingeben. Danach folgt das Modell nach dem gemixt werden soll! Hier gibt es vier verschiedene Arten: rgb, gray, cmyk und named, von denen hier allerdings nur die ersten zwei Arten genauer erläutert werden.

Das Modell "rgb" bedeutet das mischen von r=rot mit g=grün und b=blau. In die Spezifikation werden dann die jeweiligen Werte von 0-1, jeweils durch ein Komma getrennt, eingegeben.

Als Beispiel nehmen wir einfach den Farbton dunkelblau, welcher folgende Spezifikationen besitzt: \ definecolor {dunkelblau}{rgb}{0,0,0.5}. Dies würde bei Benutzung durch den Befehl \ textcolor {dunkelblau}{Text in dunkelblau} so aussehen: Text in dunkelblau. Wie man sehen kann, konnte die zuvor definierte Farbe nun aufgerufen werden.

Das zweite Model "gray" ist ein ziemlich einfaches. Es besitzt nur einen Wert bei seiner Spezifikation, mit dem man die Abstufungen der Farbe "grau" sehr genau einstellen kann.

---

[5] Fontgröße in mm,cm oder Pkt.
[6] Grundlinienabstand in mm, cm oder Pkt.

3.2 Tabellen

Tabellen sind oftmals wichtiger Bestandteil eines Dokuments. Darum soll auch hier ein kleiner Einblick in die Möglichkeiten der Tabellen-Umgebung gegeben werden.

Es gibt zwei verschiedene Arten um eine Tabelle zu realisieren, nämlich die *tabbing*- und *tabular*-Umgebung. Da die letztere einen größeren Funktionsumfang besitzt, lohnt es sich, diese näher zu betrachten.

Um eine Tabellen-Umgebung zu erzeugen, muss der Befehl \begin{ tabular } eingegeben werden, damit diese eingeleitet wird. Um den gesamten Aufbau der Tabellen-Struktur besser beschreiben zu können, vorab ein Beispiel:

```
\begin{tabular}{|l|c|r|}
  \hline
  Platz & Verein & Punkte\\
  \hline
  1 & BVB & 55\\
  2 & Leverkusen & 45\\
  3 & Bayern & 42\\
  \hline
\end{tabular}
```

Platz	Verein	Punkte
1	BVB	55
2	Leverkusen	45
3	Bayern	42

Hier wird eine Tabelle mit drei Spalten erzeugt. In der ersten Spalte wird der Text durch den übergebenen Parameter "l" links ausgerichtet, in der zweiten durch "c" zentriert und in der dritten durch "r" rechts. Möchte man mehr oder weniger Spalten erzeugen, muss man einfach die Anzahl der Parameter anpassen. Der vertikale Strich "|" zwischen den Parametern bewirkt, dass LaTeX eine sichtbare Linie erzeugt, um die Spalten zu trennen. Die erste Zeile innerhalb der Umgebung zeigt sofort das Gegenstück zur vertikalen Trennungslinie, denn \hline fügt eine horizontale Trennlinie hinzu.

Nun kommen wir zur Syntax, um die Tabelle mit Inhalt zu füllen. Um etwas in die erste Spalte einzufügen, wird der Text der angezeigt werden soll eingegeben. Es folgt das kaufmännische &-Zeichen, mit welchem man in die nächste Spalte springt und gibt wieder seinen Text ein. Dies macht man solange, bis alle Spalten die man erzeugt hat gefüllt sind und beendet die aktuelle Zeile mit "\\". Jetzt lässt sich wie im Beispiel wieder eine waagerechte Trennlinie einfügen oder wahlweise auch direkt die Eingabe der nächsten Zeile tätigen, sofern keine Linie erwünscht ist.

3.3 Mathematische Formeln

Die Stärke, die bei LaTeX von allen am liebsten hervorgehoben wird, ist die sehr gute Einbindung von Formeln in einem Dokument. Hier ein Beispiel für eine abgesetzte Formel:

```
\[
    \int_a^b \frac1{5-x^2}+\int_3^2 \frac1{3-x^3}
\]
```

$$\int_a^b \frac{1}{5-x^2} + \int_3^2 \frac{1}{3-x^3}$$

Wie man erkennen kann, wird der Modus für abgesetzte mathematische Formeln mit dem Befehl "\[" begonnen und mit "\]" wieder beendet. Alternativ lässt sich aber auch die bekannte Methode durch das Einleiten einer Umgebung benutzen, indem man mit \begin{displaymath} diese anfängt und mit \end{displaymath} wieder enden lässt.

Abgesetzte Formeln werden als eigener kleiner Absatz behandelt und selbständig von LaTeX zentriert gesetzt. Dies fördert die Übersichtlichkeit, ist jedoch bei kürzeren und kleineren Formeln nicht unbedingt das Mittel der Wahl. Für den Fall, dass der Benutzer Formeln im Fließtext eingebettet haben möchte, gibt es die Möglichkeit die jeweilige Formel mit dem $-Zeichen einzuleiten und mit diesem auch wieder zu beenden. Dies sieht in etwa so aus:

```
Die binomische Formel $(a+b)^2 = a^2 + 2ab + b^2$ in meinem Satz.
```

Ergebnis: Die binomische Formel $(a+b)^2 = a^2 + 2ab + b^2$ in meinem Satz.

Diese Möglichkeiten zum Einbinden von mathematischen Formeln in ein Dokument, unterscheiden sich vor allem durch ihre Größe. Ist es bei abgesetzten Formeln der Fall, dass Indizes oft über bzw. unter die jeweiligen Zeichen gesetzt werden, zeichnet sich die eingebettete Formel dadurch aus, dass aufgrund des Platzmangels die Indizes neben den jeweiligen Zeichen platziert werden.

Abschließend zu diesem Kapitel noch eine kleine Übersicht über wichtige Zeichen und Schreibweisen:

Beschreibung	Befehl	Ergebnis
Bruch	\frac{Zaehler}{Nenner}	$\frac{2a^2}{2b}$
Wurzel	\sqrt[Grad[7]]{Radikant}	$\sqrt[3]{12a+3b}$
Integral	\int_a^b	$\int_a^b$
Sonderzeichen		
Alpha	\alpha	α
Beta	\beta	β
Gamma	\gamma	γ

---

[7]Bei einer Wurzel des zweiten Grades kann dieser Parameter weggelassen werden!

4 Abschließende Meinung

LaTeX hat meiner Meinung nach in vielen Bereichen bei der Erstellung eines Dokuments die Nase vorn. Es mag durchaus sein, dass man sich zu Anfang Zeit nehmen muss, um die wichtigsten Befehle für das vernünftige Erstellen von Dokumenten zu erlernen, doch hat man diese Anfangshürde einmal überschritten, dann eröffnen sich jenem ganz neue Möglichkeiten.

Im Kapitel 1.2 ist eine Grafik zu sehen, welche meine Meinung über die Verwendbarkeit von den zwei Arten von Textprogrammen sehr gut veranschaulicht. Ist das zu erstellende Dokument weniger kompliziert in Struktur und Formatierung, ist dies mit Programmen wie Word deutlich einfacher und schneller umzusetzen, als mit LaTeX. Denn der Großteil aller Benutzer wird nicht allzu häufig komplexe Dokumente erstellen müssen und vergisst somit auch schnell mal den ein oder anderen Befehl. Hilfe ist dank Google zwar schnell gefunden, kostet aber trotzdem Zeit. Denn wenn man einmal den Befehl für etwas nicht mehr weiß, hat man kaum eine Chance das Dokument so zu gestalten, wie man es will. In solchen Situationen ist es natürlich von Vorteil eine grafische Oberfläche zu besitzen, welche auch ohne Vorkenntnisse intuitiv bedienbar ist. Doch betrachtet man bei zunehmender Komplexität den sehr schnell und sehr stark steigenden Graphen von Word gegenüber dem von LaTeX, erkennt man Words Schwäche. Denn je komplexer es wird, desto schwieriger ist es mit Word eine vernünftige Struktur auf leichte Weise zustande zu bringen. Jeder der dies schonmal erleben durfte, weiß wovon er spricht.

Mit LaTeX durfte ich nun die Erfahrung machen, dass es auch an der ein oder anderen Stelle seine "Feinheiten" besitzt, es jedoch viel einfacher ist Richtlinien wie die einer Facharbeit, einfach umzusetzen. Dies konnte ich vor allem im Vergleich zu meinen Mitschülern feststellen, welche ihre Facharbeit alle mit Word erstellten und nicht wussten **wie** vieles funktioniert oder erkannten, dass es schlichtweg **nicht** funktioniert.

Mein persönliches Fazit lautet:
Beide Arten von Textprogrammen haben ihre Stärken und Schwächen.
Word und co. sind für kurze Texte einfach die schnelleren Programme, welche ich weiterhin auch dafür benutzen werde. Geht es jedoch darum ein ansprechendes Dokument über mehrere Seiten mit z.B. Abschnitten und Unterabschnitten zu erstellen, wird LaTeX immer meine erste Wahl sein.

5 Quellenverzeichnis

1. Demmig, Thomas. "*jetzt lerne ich LATEX 2ε*". Markt+Technik Verlag, 2004.

2. http://mrunix.de/forums/showthread.php?p=285016#post285016

3. http://www.jkrieger.de/tools/latex/textlayout.html

4. http://www.jkrieger.de/tools/latex/color.html

5. http://www.matheboard.de/archive/48435/thread.html (19.01.2007, 17:57)

6. http://www.matheboard.de/thread.php?threadid=447272

7. ftp://ftp.tex.ac.uk/tex-archive/macros/latex/contrib/listings/listings.pdf

8. http://www.macwrench.de/wiki/Kurztipp_-_Quellcodelistings_in_LaTeX

9. http://lefti.amigager.de/latex/Umgebungen.html

10. http://www.tutorials.de/sonstige-sprachen/286310-latex-quellcode-mit-listing-package-formattieren.html

11. ftp://tug.ctan.org/pub/tex-archive/info/l2picfaq/german/l2picfaq.pdf (Speziell 3.8.4)

12. http://www2.informatik.hu-berlin.de/ kalleske/latex.pdf

13. http://www.lima-city.de/thread/was-ist-eigetnlich-latex

14. http://www.mttcs.org:8008/Skripte/Ext/Ang/material/tex.pdf

15. http://janeden.net/die-praeambel

16. http://www.namsu.de/latex/kapitel5.html

17. http://www.golatex.de/seitennummerierung-oben-zentriert-wie-geht-das-t2184.html

18. http://www.chemieonline.de/forum/showpost.php?p=2684531846&postcount=1

19. http://www.apfeltalk.de/forum/latex-seitenzahlen-oben-t215137.html

20. http://www.macuser.de/forum/f19/latex-textformatierung-seitenzahlen-51253/

21. https://www.wiki.ed.ac.uk/download/attachments/11042821/word_vs_latex.gif (Achsenbeschriftungen übersetzt)

Alle Internetquellen dienten dem Gesamtverständnis von LATEX.